1000 erste Wörter TIERE

Text Jules Pottle

Lektorat Robin Moul, Nikoleta Paraski, Penny Smith, Sarah Larter
Gestaltung und Bildredaktion Vic Palastanga, Nidhi Mehra, Sadie Thomas, Nehal Verma, Sif Nørskov, Dheeraj Singh, Syed Md Farhan, Niharika Chauhan, Vagisha Pushp, Sakshi Saluja, Romi Chakraborty, Mabel Chan
Umschlaggestaltung Issy Walsh
Herstellung Ena Matagic

Für die deutsche Ausgabe:
Verlagsleitung Monika Schlitzer
Programmleitung Heike Faßbender
Redaktionsleitung Martina Glöde
Projektbetreuung Angelika Herre
Herstellungsleitung Dorothee Whittaker
Herstellungskoordination Bianca Isack
Herstellung Sabine Hüttenkofer

Titel der englischen Originalausgabe:
1000 Animal Words

Übersetzung Eva Sixt

ISBN 978-3-8310-4784-0

Druck und Bindung Leo Paper Products, China

FSC www.fsc.org MIX Papier | Fördert gute Waldnutzung FSC® C018179

www.dk-verlag.de

1000 erste Wörter TIERE

Jules Pottle

DK

Liebe Eltern,

Tiere aller Art erfreuen Kinder seit je: Die Kleinen wollen sie beobachten, anfassen, streicheln und mit ihnen spielen. Dieses Buch gibt ihnen Wörter an die Hand, um die großen und kleinen Tiere in ihrer Umwelt, aber auch bisher ungekannte Tiere zu benennen, über sie zu sprechen und ihr Wissen zu erweitern. Es regt dazu an, Fragen zu stellen und mehr zu erfahren.

Die Vielfalt im Tierreich ist faszinierend, von den süßen Marienkäfern im Garten bis hin zu den bunten Vögeln im Regenwald. Jede Art spielt eine wichtige Rolle für das natürliche Gleichgewicht, deshalb verdienen alle Arten unsere Wertschätzung. Mehr denn je sollten wir lernen und darauf achten, wie wir sie schützen können.

Dieses Buch bietet viele Möglichkeiten, miteinander zu sprechen und gemeinsam Dinge zu entdecken. Auf den **Themenseiten** werden Begriffe als Bilder dargestellt. Betrachten Sie mit Ihrem Kind die abwechslungsreich gestalteten Seiten, zeigen Sie auf etwas und benennen Sie es. Machen Sie ein Spiel daraus: Lassen Sie auch Ihr Kind zeigen und benennen oder ermutigen Sie es, etwas Bestimmtes zu finden. Dies fördert besonders die Konzentration und Wahrnehmung.

Sprechen Sie mit Ihrem Kind über alles, was es auf den Seiten sieht. Regen Sie es an, die unterschiedlichen Bilder zu beschreiben. Stellen Sie Fragen und lassen Sie Ihr Kind von eigenen Erlebnissen berichten. So schulen Sie die Sprachkompetenz und Ausdrucksfähigkeit Ihres Kindes.

Passen Sie sich dem Tempo Ihres Kindes an und lassen Sie es selbst die Seiten umblättern. Dieses Buch ist ein großartiger Einstieg, um Kindern Wertschätzung für Tiere zu vermitteln und über ein verantwortungsvolles Leben auf unserem Planeten zu sprechen.

Wir wünschen Ihnen und Ihrem Kind viel Spaß beim Betrachten, Sprechen und Zuhören.

Inhalt

Einteilung

Tiere zählen entweder zu den Wirbeltieren oder den wirbellosen Tieren. Diese beiden Gruppen werden wiederum in kleinere Gruppen unterteilt.

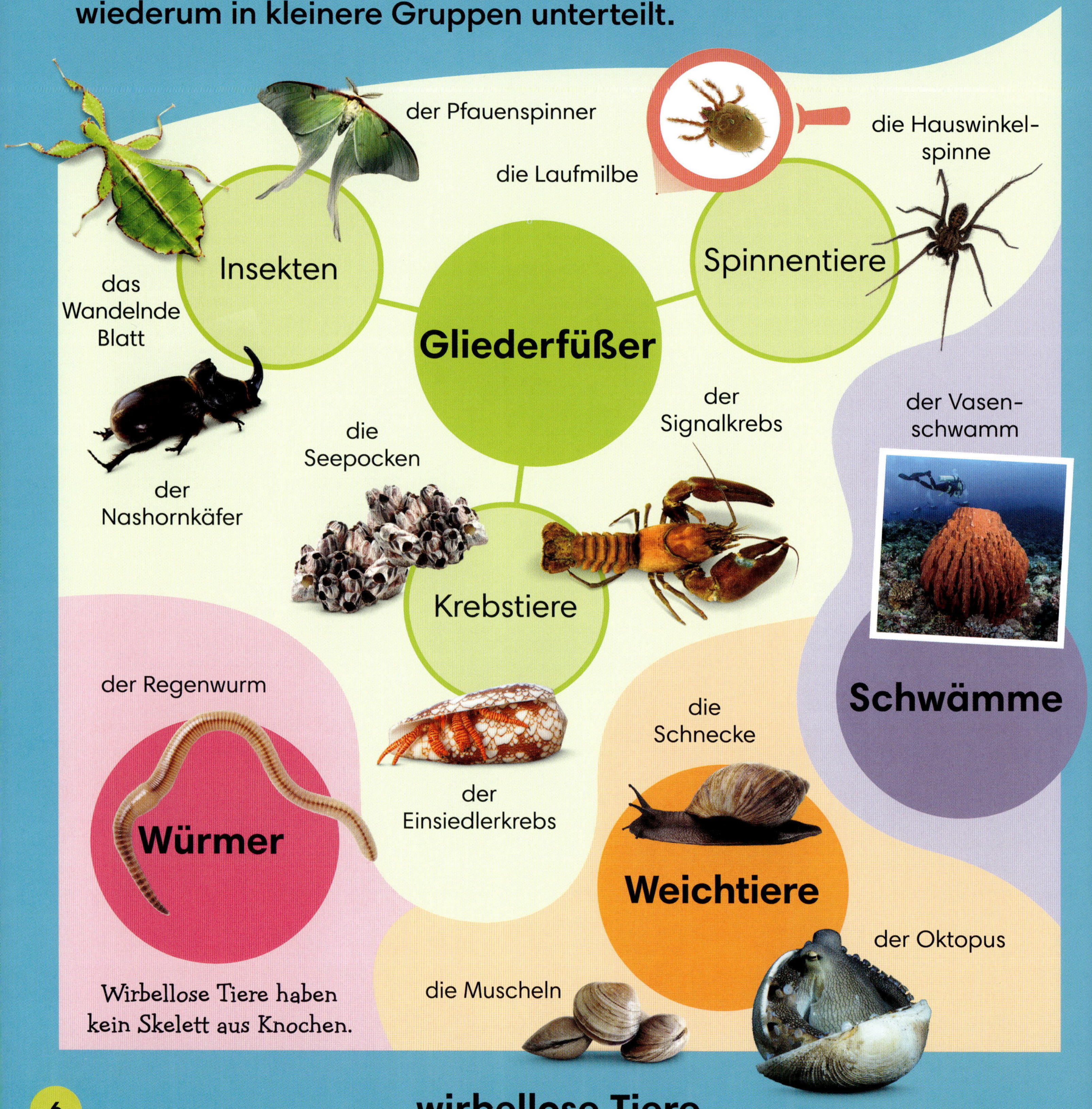

wirbellose Tiere

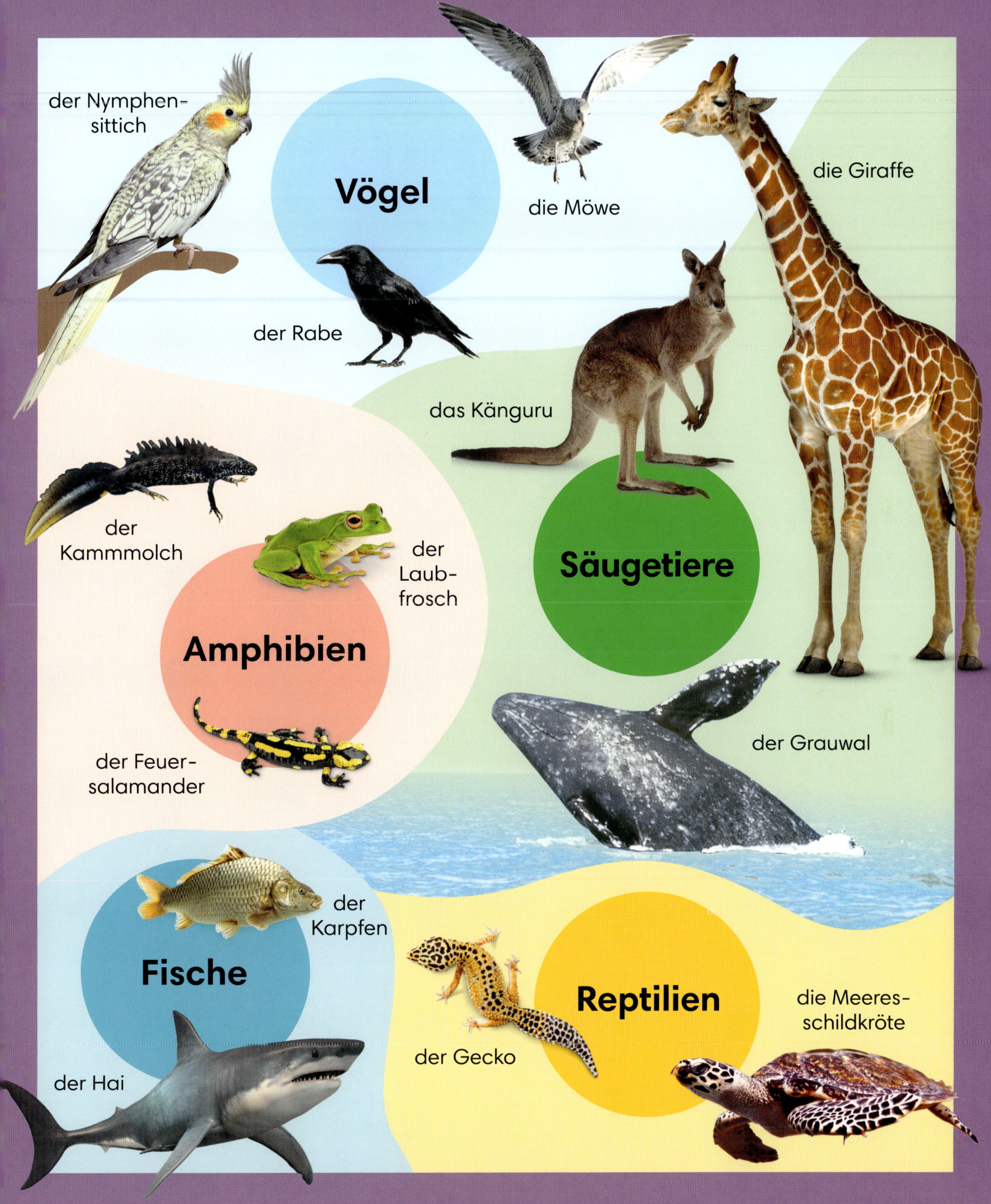

Wirbeltiere

Insekten

Die Insekten bilden die größte Tiergruppe und gehören zu den wichtigsten Lebewesen der Erde. Sie haben zwei Fühler auf dem Kopf und sechs Beine.

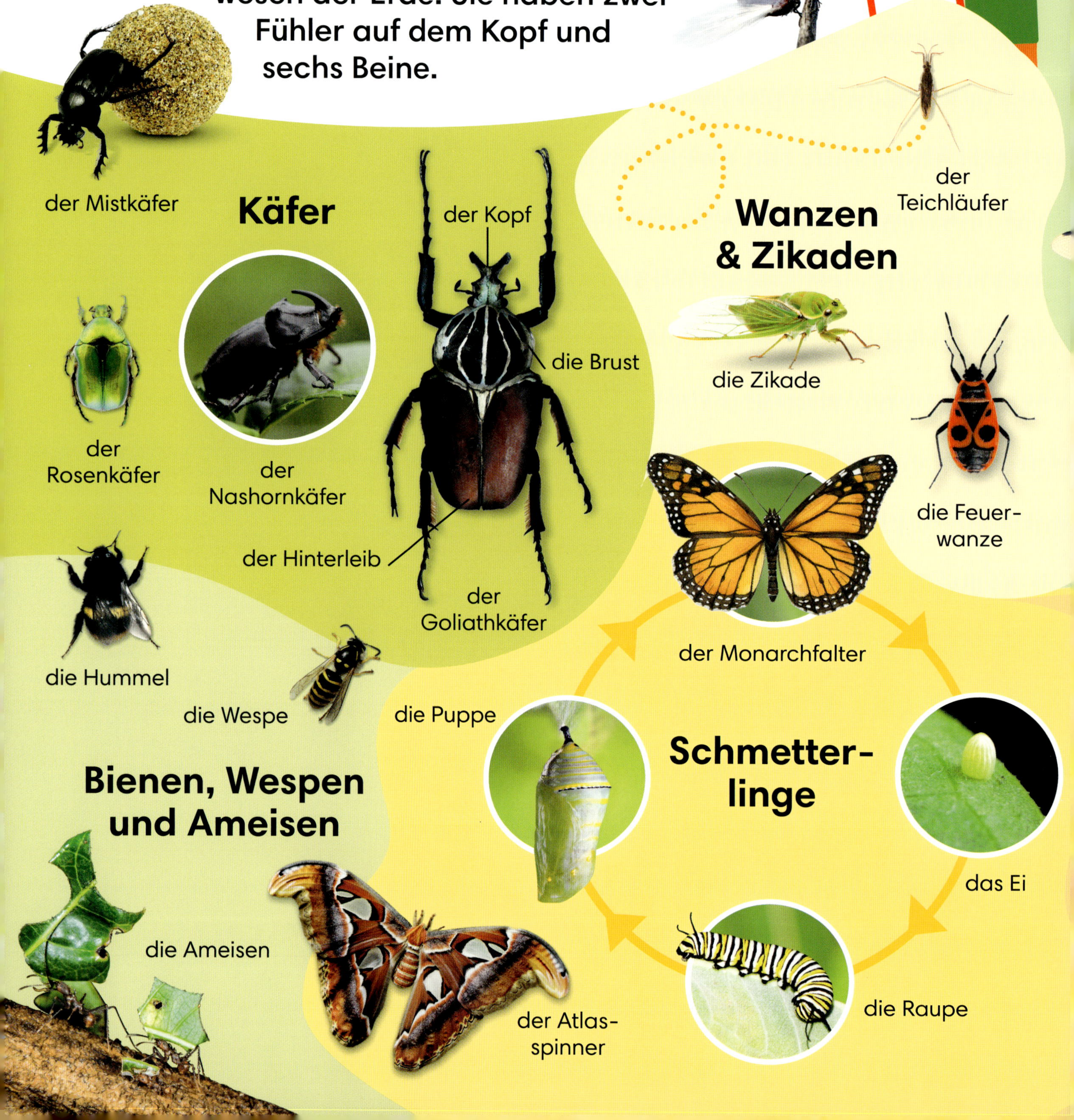

Libellen
die Pechlibelle
die Große Königslibelle
die Libellen-
larve
die
Wanderlibelle
Heuschrecken
die Wüsten-
heuschrecke
der Braune Grashüpfer
das Grüne Heupferd
Flöhe
der Hundefloh
Schaben
die Fauchschabe
die Großschabe
Termiten
die afrikanische
Termite
Ohr-
würmer
der Gemeine
Ohrwurm
Eintagsfliegen
die Gemeine
Eintagsfliege
Gottes-
anbeterinnen
die Mittelmeer-
Gottesanbeterin
Gespenstschrecken
die Stabschrecke
das
Wandelnde
Blatt

Vögel

Vögel haben einen Schnabel und ein Federkleid. Sie legen Eier mit harten Schalen. Die Knochen der Vögel, die fliegen können, sind leicht, weil sie hohl sind.

Seevögel

der Maskentölpel

der Wanderalbatros

der Papageitaucher

die Sturmmöwe

Greifvögel

der Sperber

der Fischadler

die Schleiereule

Watvögel

der Nimmersatt

der Rosaflamingo

Wasservögel

Welche Vögel leben in deiner Nähe?

der Schwan

die Stockente

die Gans

Alle Vögel haben diese Merkmale:

Knochen-skelett | gleichwarm | Eier mit harten Schalen | Federn | schuppige Beine

flugunfähige Vögel

der Emu

der Strauß

der Kiwi

der Weißkopf-seeadler

Pinguine

der Kaiser-pinguin

der Eselspinguin

gezüchtete Vögel

das Haushuhn

kleine Vögel

die Ringeltaube

der Mauersegler

die Blaumeise

der Haussperling

das Rotkehlchen

der Rubinkehlkolibri

Papageien

der Rosa-kakadu

der Gelbbrustara

der Scharlachara

Amphibien

Die meisten Amphibien verbringen viel Zeit an Land. Ihre Eier müssen sie aber im Wasser ablegen, denn sie sind weich und würden an Land austrocknen.

Die Körpertemperatur von wechselwarmen Tieren passt sich an die Umgebung an.

Frösche und Kröten

Salamander

die Erdkröte

die Kaulquappe der Erdkröte

der Ochsenfrosch

die Kaulquappe des Ochsenfroschs

die Kreuzkröte

quaak

Durch die Haut nimmt die Kröte Sauerstoff auf.

die Aga-Kröte

der Grasfrosch

die Kaulquappe des Grasfroschs

Alle Amphibien haben diese Merkmale:

- Knochenskelett
- wechselwarm
- weiche Eier
- Erwachsene mit Lungen
- Jungtiere mit Kiemen

Die Haut der Amphibien sondert einen Schleim ab, der sie feucht hält.

der Querzahnmolch

der Riesensalamander

der Axolotl

Molche

der Kamm

der Kammmolch

die Larve des Kammmolchs

der Bergmolch

die Schwimmhäute

der Pfeilgiftfrosch

kein Schwanz

der Laubfrosch

Blindwühlen

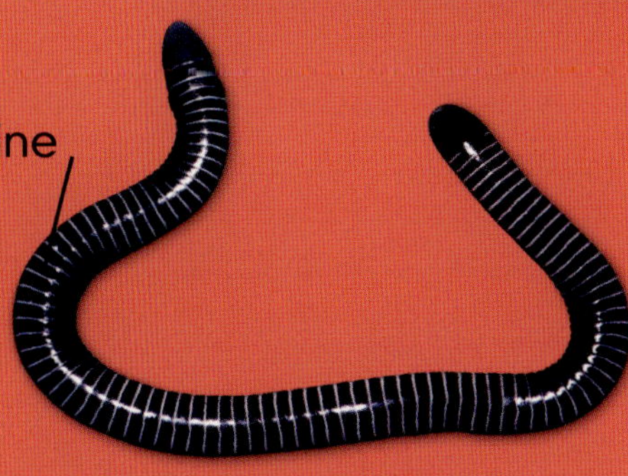

keine Beine

die Ringelwühle

Säugetiere

Säugetier-Weibchen bringen lebende, weit entwickelte Junge zur Welt und säugen sie mit Milch.

Die meisten Säugetiere haben diese Merkmale:

Einige Säugetiere wie die Wale und Delfine leben im Wasser.

Knochenskelett

gleichwarm

trächtig

werden geboren

Muttermilch

Fell oder Haare

das Schuppentier

die Fledermaus

der Malaienbär

das Hermelin

der Rote Panda

das Warzenschwein

das Wasserschwein

der Feldhase

die Robbe

Beuteltiere

das Opossum

der Wombat

das Wallaby

der Koala

Das Junge wächst im Beutel heran.

Kloakentiere

Die Weibchen legen Eier.

der Schnabeligel

das Schnabeltier

Primaten

Menschen gehören zur Familie der Primaten. Alle Primaten haben große, leistungsfähige Gehirne. Mit ihren starken Armen und Beinen können sie gut klettern.

der Anubispavian
die Grünmeerkatze
der Katta
das Fingertier
Was für Laute machen Affen?
der Stummelaffe
der Rhesusaffe
der Berberaffe
das Buschbaby
sprechen
der Mensch
der Bonobo
der Schimpanse
der Gorilla
hat keinen Schwanz
der Orang-Utan
der Nasenaffe

Fische

Es gibt zwei große Fischgruppen. Die Knochenfische haben ein Skelett aus Knochen. Bei den Knorpelfischen besteht es aus elastischem Knorpel.

Alle Fische haben diese Merkmale:

wechselwarm

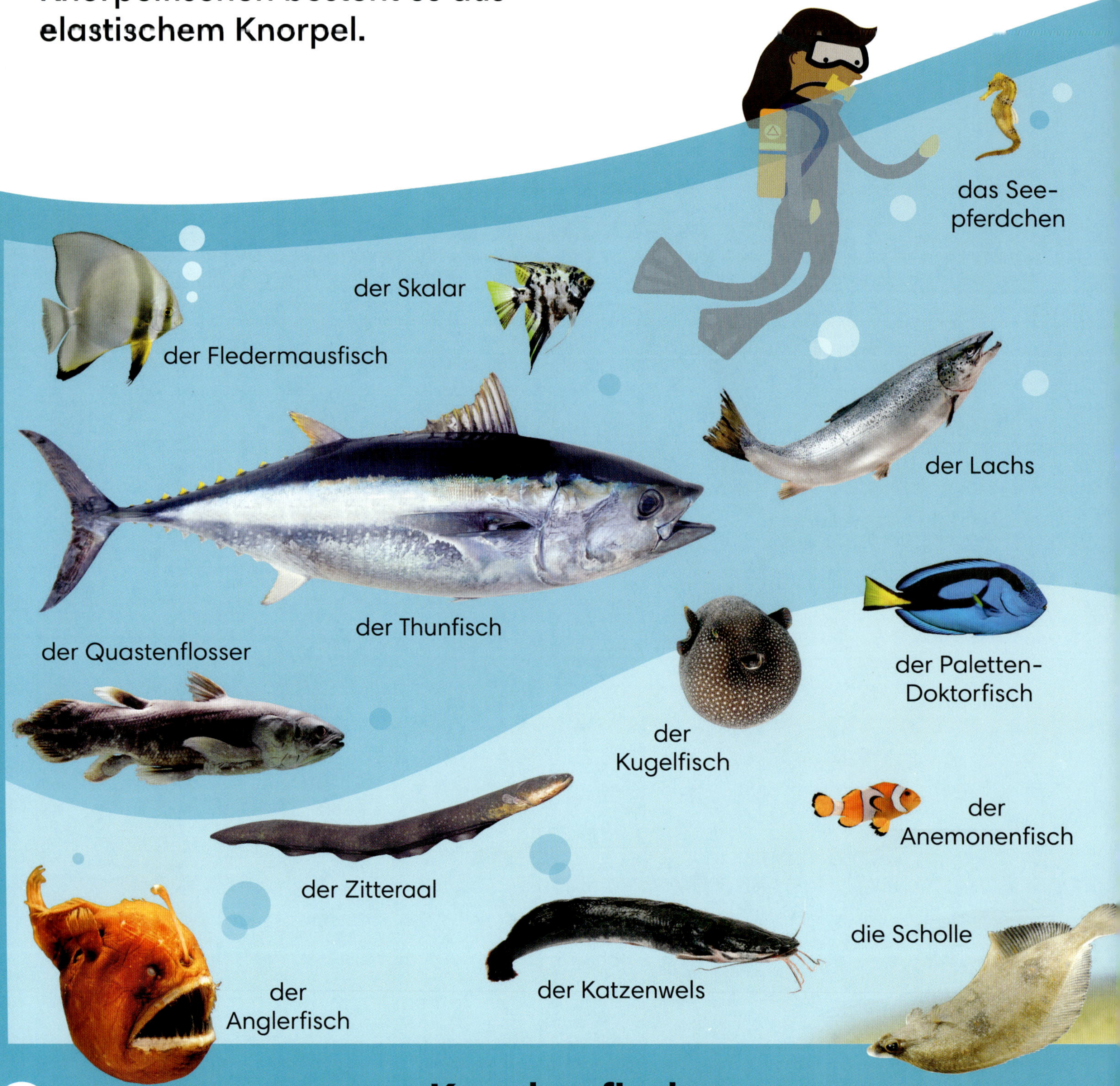

Knochenfische

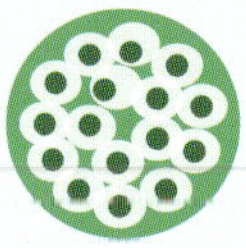

weiche Eier

Schuppen

Kiemen

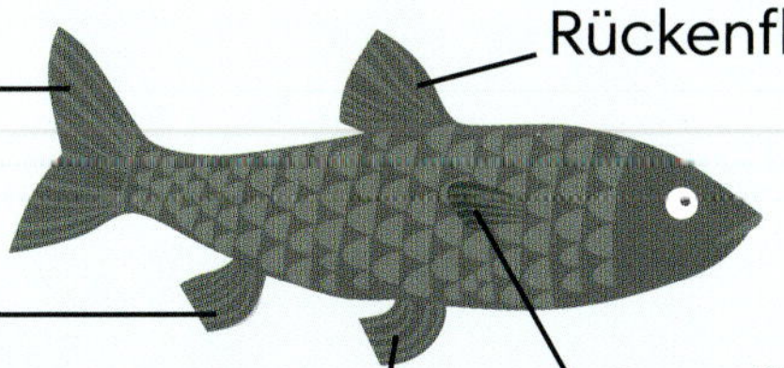

der Hammerhai

der Scheunentor-rochen

der Adlerrochen

In welchen Gewässern leben Fische?

der Riesenhai

der Nagel-rochen

der Dornhai

der Tigerhai

der Manta-rochen

Knorpelfische

Reptilien

Als wechselwarme Tiere müssen sich Reptilien in der Sonne aufwärmen, bevor sie aktiv werden. Sie haben eine trockene Haut mit Schuppen und ihre Jungen schlüpfen aus Eiern.

Echsen

das Chamäleon

der Grüne Leguan

der Leopardgecko

der Komodowaran

Reptilien gibt es schon seit über 300 Millionen Jahren.

Schild-kröten

die Diamantschildkröte

kriechen

die Köhlerschildkröte

die Sumpfschildkröte

das Bein

der Panzer

der Horn-schnabel

die Galapagos-Riesenschildkröte

die Krallen

Alle Reptilien haben diese Merkmale:

- Knochenskelett
- wechselwarm
- Eier mit ledrigen Schalen
- Schuppen

Schlangen

die Schwarze Mamba

die Abgottschlange

Schlangen häuten sich.

gleiten

Giftzähne

gespaltene Zunge

Brückenechsen

kommt nur in Neuseeland vor

die Brückenechse

Krokodile und Alligatoren

der Kamm am Rücken

laufen

das Nilkrokodil

der Mississippi-Alligator

die Schwimmhäute

Unsere Haustiere

Haustiere leisten uns Gesellschaft und machen Menschen glücklich. Wir halten verschiedene Tiere als Haustiere.

die Diamant-schildkröte

die tropischen Fische

die Koi-Karpfen

der Welpe

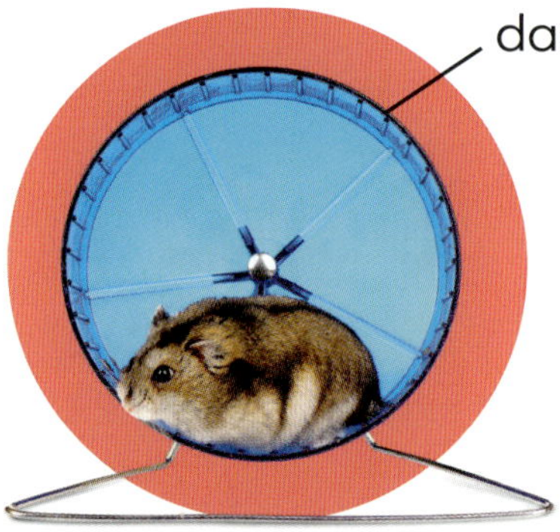

der Hamster

die Rennmaus

der Papagei

das Frettchen

das Pony

die Ratte

die Wärmelampe

die Landschildkröte

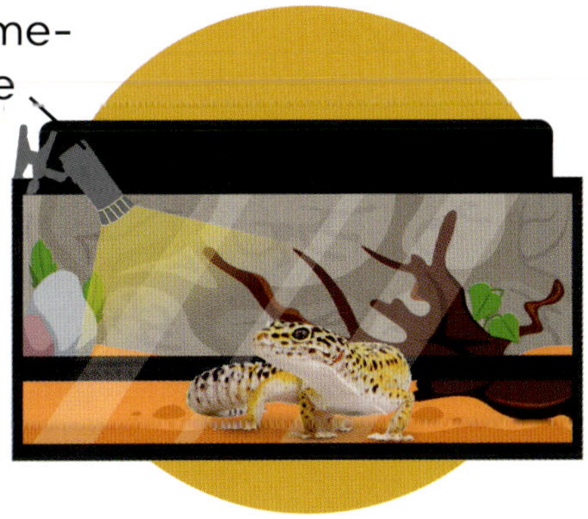

der Gecko

die Unzertrennlichen

das Vivarium

die Schlange

der Stall

die Kaninchen

die Meerschweinchen

das Glöckchen

die Körner

der Wellensittich

der Käfig

der Kratzbaum

die Katze

das Katzenklo

Hunde

Seit Jahrtausenden halten Menschen Hunde. Viele Hunderassen erledigen als Arbeitshunde wichtige Aufgaben. Andere Hunde leisten uns Gesellschaft.

Magst du eine Hunderasse besonders gern?

Jagdhunde

der Basset Hound

der Beagle

der Whippet

der Irische Wolfshund

der Greyhound

Apportierhunde

der Dackel

der Irish Setter

der Norwegische Elchhund

der Cockerspaniel

der Labrador Retriever

der Golden Retriever

Hüte- und Wachhunde

der Neufundlander

der Boxer

der Samojede

der Husky

der Deutsche Schäferhund

der Bobtail

der Border Collie

der Dobermann

Gebrauchshunde

der Yorkshire Terrier

der Jack Russell Terrier

Schoßhunde

der Toy-Pudel

der Chihuahua

die Französische Bulldogge

Gesellschaftshunde

der Cockapoo

der Mops

der Cavalier King Charles Spaniel

der Shih Tzu

der Pekinese

Katzen

Manche Großkatzen können brüllen. Anders als Kleinkatzen miauen sie nicht. Alle Katzen können schnurren.

der Luchs

der Colocolo

der Jaguar

der Ozelot

der Puma

der Leopard

die Marmorkatze

Hast du eine Lieblings-Wildkatze?

Merkmale der Katzen

die Jägerin

der Fleischfresser

die gekrümmten Krallen

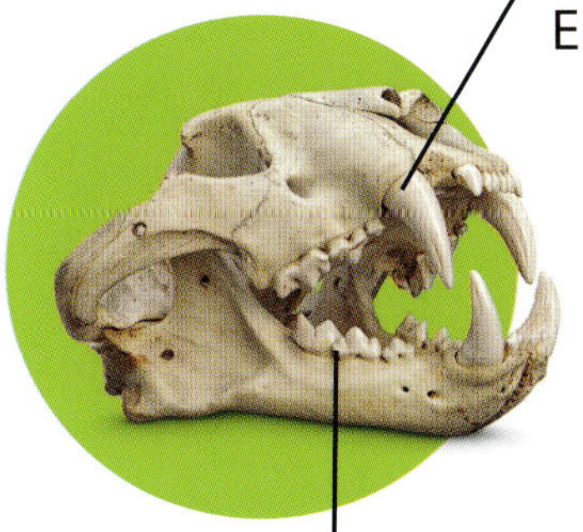

die Tasthaare

die gute Nachtsicht

Tiergeräusche

Tiere machen aus vielen Gründen Geräusche. So unterhalten sie sich mit ihrer Familie, vertreiben Raubtiere und locken Partner oder Partnerinnen an.

Tiere tauschen sich über Geräusche, Körpersprache und Gerüche miteinander aus.

Im Ozean

Auf dem Land

In der Savanne

Auf dem Bauernhof

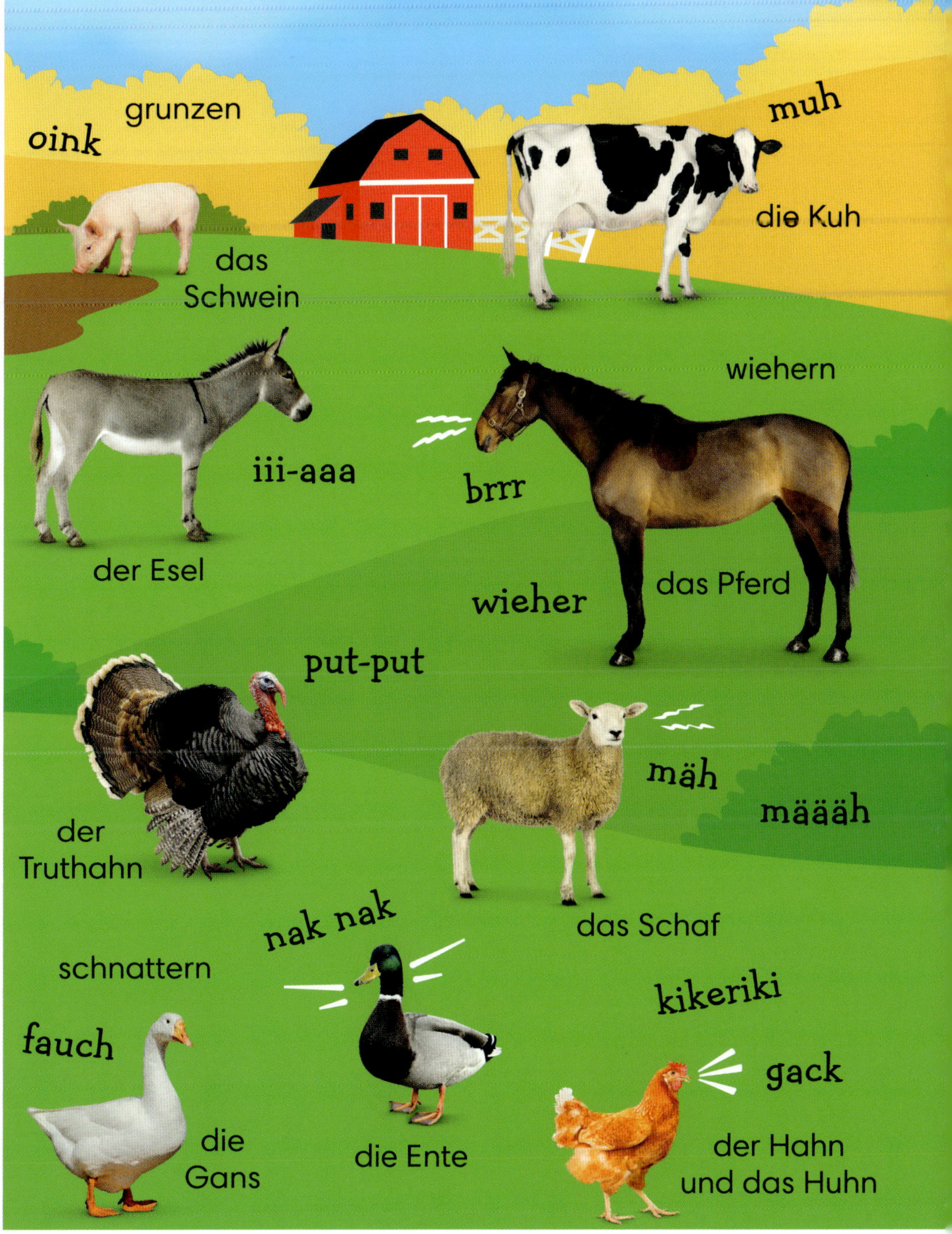

Im Garten

Versuche diese Tiergeräusche nachzumachen!

Superkräfte

Einige Tiere können unglaubliche Dinge. Mit ihren besonderen Fähigkeiten fangen sie Beute, schützen sie sich vor ihren Feinden und lassen sie uns Menschen staunen.

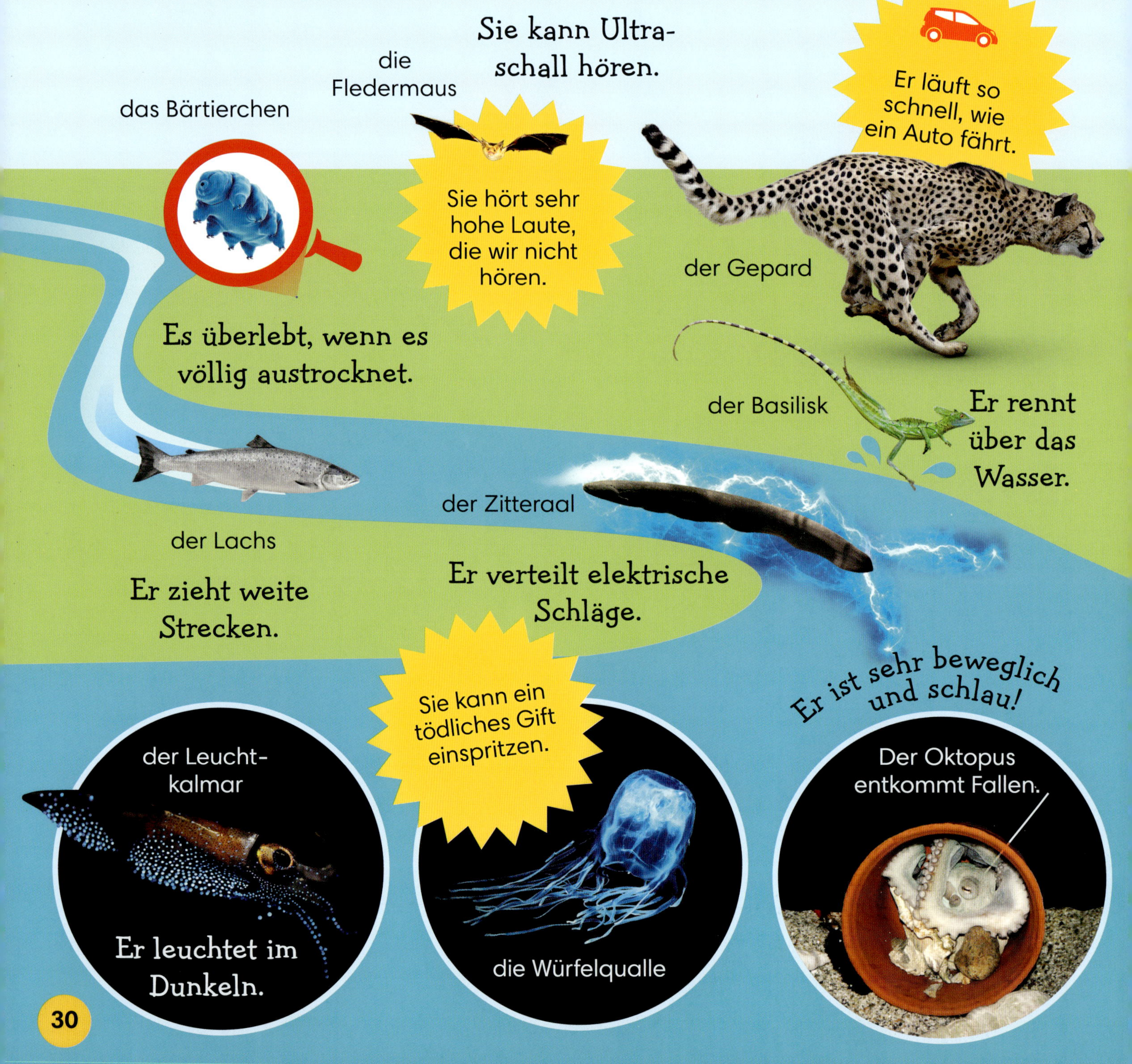

Er ist das schnellste Tier der Erde.

der Wanderfalke

Er fliegt im Sturzflug.

der Gecko

Haftscheiben an den Zehen

Er läuft an der Decke.

Er klettert Mauern hoch.

Er hat eine sehr feine Nase.

der Grizzlybär

Er springt enorm hoch.

der Katzenfloh

Er springt 150-mal so hoch, wie sein Körper lang ist.

Sie ist hochgiftig.

die Trichter-netzspinne

der Steinbock

Er kann sehr gut klettern.

Er schlägt schneller zu, als eine Pistolenkugel fliegt.

der Fangschrecken-krebs

Unterwegs

Viele Tiere machen weite Wanderungen, um einen Partner oder eine Partnerin zu finden oder ihre Jungen zu kriegen. Andere fliehen vor Feinden oder jagen Beute.

fliegen

Kannst du dich wie die Tiere bewegen?

jagen

langsam vorankommen

im Wasser

schnell voranKommen

in den Bäumen

ungewöhnliche Fortbewegungen

im Boden

Seltsame Tiere

Tiere können alle Größen, Formen und Farben haben und sehen manchmal nicht einmal aus wie Tiere!

die Weiße Fledermaus
der Pracht-fregattvogel
der Purpurfrosch
das Taubenschwänzchen
der Kragen-paradiesvogel
die Raupe des Japanischen Kaiserfalters
der Dumbo-Oktopus
die See-fledermaus
der Glaskopf-fisch
die Feuerwerksqualle
die Ozean-schnecke
der Blobfisch
der Koboldhai
der Ranken-fußkrebs
der Fetzenfisch
der Seehase
der Seefächer

Bunte Tiere

Auffällige Farben haben Tiere oft nicht ohne Grund: Sie warnen davor, dass sie giftig sind, dienen als Tarnung oder zum Anlocken von Partnern.

Das, was ich esse, färbt meine Federn rosa.

der Flamingo

der Fischertukan

der Scharlach-ara

der Neonsalmler

der Skalar

der Kampffisch

Mit meinen bunten Federn locke ich Weibchen an.

der Pfau

der Feuerkehl-kolibri

der Halfter-fisch

die Goldstumpfnase

der Dschungel-zwergfischer

der Paradiesvogel

der Diskusfisch

der Zwerg-zacken-barsch

die Baumschlange

die Orchideenmantis

Weil ich rosa und gelb bin, bin ich in der Blüte gut getarnt.

der Blaue Morphofalter

die Bambusotter

die Pfauenspinne

die Dosenschildkröte

das Chamäleon

der Rotfeuerfisch

der Fangschreckenkrebs

Meine Farben warnen vor dem Gift in meiner Haut.

die Kranzqualle

der Mandrill

der Pfauenspinner

der Blaue Baumsteiger

der Prachtkäfer

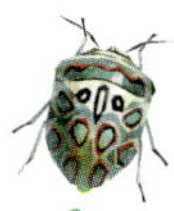

die Picasso-Wanze

der Blauringkrake

der Regenbogenpapageifisch

der Goldschildkrötenkäfer

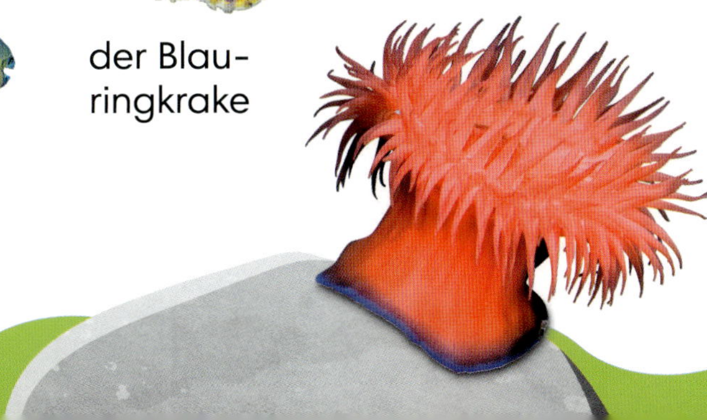

die Pferdeaktinie

der Königs-Feenbarsch

Tarnung

Manche Tiere sind so gut getarnt, dass man sie in ihrer Umgebung kaum sieht.

Sie sind weiß wie Schnee.

Arktis

Sie sehen aus wie Rinde und Laub.

Wälder im Norden

Sie ähneln Pflanzen.

tropische Wälder

kühlere Wälder

Sie sind im Licht und Schatten der Natur getarnt.

die Hyäne

die Antilope

der Leopard

die Wildhunde

Savanne

der Blauhai

Der Hai ist von oben und unten kaum zu sehen.

die Steinflunder

Sie ähnelt dem Meeresgrund.

im Wasser

Sie sehen wie Blüten aus.

die Veränderliche Krabbenspinne

die Orchideenmantis

Blüten

die Nachtschwalbe

Sie sieht aus wie der Erdboden.

das Sumpfkrokodil

Es ähnelt einem Baumstamm.

Flussufer

Hier bin ich zu Hause

Das Zuhause der Tiere kann ganz unterschiedlich sein. Einige Tiere bauen sich eine Höhle oder ein Nest, während andere in natürliche Höhlen und Nischen einziehen, die es schon gibt.

die Fledermaus
die Höhle

der Bär
die Felsenhöhle

das Wildschwein
der Kessel

der Präriehund
der Familienbau

die Zwergmaus
das Nest

das Eichhörnchen
der Kobel

der Fischotter
die Uferhöhle

der Biber
die Biberburg

der Fuchs
der Fuchsbau

das Kaninchen
der Kaninchenbau

die Schermaus
die Uferhöhle

der Dachs
der Dachsbau

der Siedelweber
das Gemeinschaftsnest

der Bajaweber
die Nistkolonie

der Rosttöpfer
das Lehmnest

der Steinadler
der Horst

der Clownfisch
die Seeanemone

die Napfschnecke
der Felsen

der Montezuma-Stirnvogel
das Hängenest

die Papierwespe
das Wespennest

die Blattspinne
das Blattnest

die Schaumzikade
der Kuckucksspeichel

die Waldameise
der Ameisenhügel

die Glucke
das Gespinst aus Schmetterlingsseide

die Weberameisen
das Nest aus Blättern

Tierkinder

Die Tiere verändern sich, während sie heranwachsen. Einige verwandeln sich sogar völlig!

die Meeresschildkröte

Reptilien, Fische und Vögel legen Eier.

der Fischotter

Säugetiere bringen weit entwickelte Junge zur Welt.

der Frosch

Amphibien verwandeln sich völlig.

der Nachtfalter

Manche Insekten verwandeln sich völlig in einer Puppe.

die Stinkwanze

Andere Insekten verwandeln sich ohne Verpuppung.

Verschiedene Eier

Die Eier von Fischen, Vögeln, Schildkröten und Insekten sehen sehr unterschiedlich aus.

Vogel-Eier

das Haushuhn-Ei

das Emu-Ei

das riesige Straußen-Ei

das Kolibri-Ei

das Ei vom Orpheus-spötter

Reptilien-Eier

das Eidechsen-Ei

das Meeresschildkröten-Ei

das Krokodil-Ei

Amphibien-Eier

das Molch-Ei

die Kröten-Eier

die Wasser-oberfläche

die Frosch-Eier

Tintenfisch-Eier

die Eier vom Kalifornischen Tintenfisch

die Eier vom Venen-Oktopus

Fisch-Eier

die Lachs-Eier

das Ei vom Katzenhai

das Ei vom Hornhai

die Stör-Eier

Weichtier-Eier

die Schnecken-Eier

Insekten-Eier

das Ei vom Monarchfalter

die Eier der Baumwanze

Die Männchen tragen die Eier am Rücken.

die Eier der Wasserwanze

die Marienkäfer-Eier

das Ei des Nachtfalters

Tausendfüßer-Eier

der Rotkopf-hundertfüßer

Spinnen-Eier

die Kreuzspinne

die Spinnenseide

der Kokon

Der Körper

Je nach Lebensraum sehen Tiere unterschiedlich aus.

Skelette

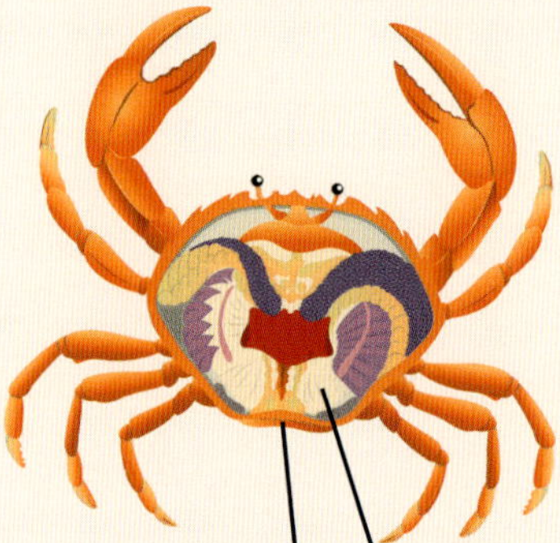

Das harte Außenskelett umgibt den Körper mit den Muskeln.

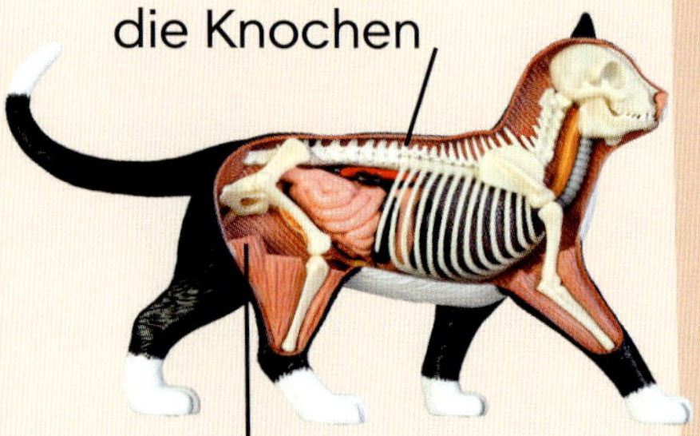

Das Skelett aus Knochen stützt den Körper von innen.

Hände und Füße

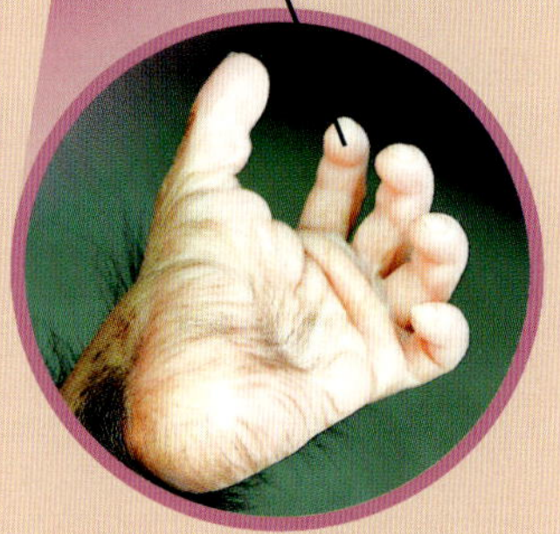

Schau dir mal die Körperteile von all diesen Tieren an.

Arme, Beine, Flossen ...

die Mähne
das Fell
die Schuppen
die Haut
die Borsten
am Körper
der Schweif
die Wolle
die Stacheln
Schwänze
der Schnabel
das Auge
das Ohr
die Tasthaare
am Kopf
das Geweih
die Flughaut
Flügel
die Hauer
die Fühler
die Adern
die Feder
die Zähne
die Nashörner

Verteidigung

die Hornisse

Tiere können sich auf unterschiedliche Weise verteidigen oder bei Gefahr schützen.

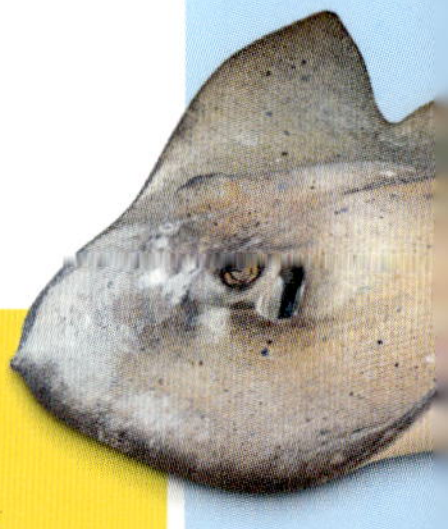

der Seestern

das Stachelschwein

die Stacheln

der Tausendfüßer

der Königspython

der Igel

sich zusammenrollen

das Stinktier

der Humboldt-Kalmar

etwas verspritzen

das Opossum

sich totstellen

der Kronengecko

die Steinkrabbe

den Schwanz oder ein Bein abwerfen

Giftstachel

die Galeere

der Stech-
rochen

die Riesen-
ameise

der
Skorpion

Gift im Körper

Sie schmecken scheußlich.

der Bärenspinner

der Feuersalamander

der Pfeil-
giftfrosch

giftiger Biss

die Schwarze
Mamba

der Schlitzrüssler

Sie sind gefährlich.

andere Tiere nutzen

Seeanemonen sind giftig.

die Boxer-
krabbe

Sie hält See-
anemonen
fest.

Schutz der Gruppe

der Fischschwarm

die Stare

die Erd-
männchen

Panzer

das Gürteltier

der Schildkäfer

das
Schuppen-
tier

Fleisch- und Pflanzenfresser

Fleischfresser fressen andere Tiere und Pflanzenfresser mögen nur Pflanzen. Allesfresser verspeisen beides.

die Blüten-
pflanzen
die
Honigbiene
der Pollen
der
Greifvogel
das Beutetier
die Raspel-
zunge
mit der Zunge
abpflücken
die Schnecke
raspeln
der Elefanten-
schädel
die
Eckzähne
Pflanzen-
fresser
zermalmen
kauen
Was isst du am
liebsten?
Alles-
fresser
Fleisch und
Pflanzen
der Saugrüssel
Nektar trinken

Menschen und Tiere

Es gibt viele Berufe, bei denen man mit Tieren zu tun hat.

Möchtest du gern mit Tieren arbeiten, wenn du erwachsen bist?

Gefährdete Tiere

Diese Tiere könnten bald aussterben, weil Menschen sie jagen oder ihre Lebensräume zerstören. Um das zu verhindern, müssen wir sie schützen.

Wilderei

die Stoßzähne aus Elfenbein

der Elefant

das Horn auf der Schnauze

das Nashorn

die Zähne, das Fell, die Knochen

der Tiger

der illegale Tierhandel

der Balistar

Klimawandel und weltweite Erwärmung

der steigende Meeresspiegel

die Koralle

die Busch-brände

der Koala

das schmelzende Eis

der Eisbär

Verdrängung

Amerikanische Grau-hörnchen verdrängen in England die roten Eichhörnchen.

das Europäische Eichhörnchen

Krankheiten

der Wildhund

Jagd und Überfischung

zu wenig Nahrung

der Pinguin

der Thunfisch

die Grüne Meeresschildkröte

Lebensraumverlust

mehr Gebäude für Menschen

weniger Lebensräume für Tiere

der Würfelfalter

die wachsenden Städte

der Puma

die Meeresschildkröte

die Rodung von Wäldern

das Fällen von Bäumen

das Rentier

der Orang-Utan

der Berggorilla

der Atlantische Stör

weniger Gewässer

Insektengift

Chemikalien töten Tiere oder machen sie krank.

der Fuchs

die Hummel

Dank und Bildnachweis

Dorling Kindersley dankt Sif Nørskov und Sophie Parkes für die Lektoratsassistenz.

Der Verlag dankt folgenden Personen und Organisationen für die freundliche Genehmigung zum Abdruck von Fotos:
(Abkürzungen: o = oben; u = unten; m = Mitte; g = ganz; l = links; r = rechts)

123RF.com: Andrzej Tokarski / ajt 56ur, Anan Kaewkhammul / anankkml 26mo, Benjamin King / benjaminjk 49mo, bonzami emmanuelle 18m, Duncan Noakes / fouroaks 15mo, Eric Isselee 7mlo (Kolkrabe), 7mu, 48ml, 48mlu, Eric Isselee / isselee 1ul, 26mr, 27mro, 54mu, Anan Kaewkhammul 26ml, max5128 14mro, Ben McRae 39mlo (Textur), nrey 2gor, Andrei Samkov / satirus 50m, smileus 42ul, swavo 6mro (Lupe), 9ml (Lupe), 30mlo (Lupe), Thawat Tanhai 36mlu (Eisvogel), Nicholas Toh 35ul, 56mru, Oleg Znamenskiy zov666@gmail. com 39mo, Rudmer Zwerver 13mr; **Alamy Stock Photo:** AGAMI Photo Agency / Andy & Gill Swash 38um, Linda Freshwaters Arndt 32mlo, Avalon.red / Anthony Bannister 9mr, Avalon.red / Stephen Dalton 33gom, Biosphoto / Adam Fletcher 37mlo, Biosphoto / Sergio Hanquet 49mlu, Biosphoto / Sylvain Cordier 40mo (Nest), blickwinkel / AGAMI / J. Eaton 34mo, blickwinkel / F. Hecker 40m, 43um, blickwinkel / F. Teigler 9um, blickwinkel / H. Bellmann / F. Hecker 43ur, blickwinkel / Lundqvist 38mlu, Buiten-Beeld / Jelger Herder 12mlu, Nigel Cattlin 9mo, cbstockfoto 41mu, Clarence Holmes Wildlife 45mlu, Corbin17 36ul, Rick Dalton - Wildlife 55mo, Design Pics Inc / Alaska Stock RM / Thomas Kline 45ml, Digital Arts Pro 46mr, Reinhard Dirscherl 35m, 37um, David Fleetham 18mru (Fisch), 49mr, FLPA 24mu (Elchhund), 45gor, Bill Gozansky 38ul, Frank Hecker 19mlu, Imagebroker / Arco / G. Lacz 27mru, imageBROKER / Dirk Funhoff 13mo, imageBROKER / Gerry Pearce 15m, 31m, imageBROKER / Michaela Walch 41gor, imageBROKER / R. Dirscherl 34ul, Ivan Kuzmin 8ul, mike lane 17ur, M@rcel 41ur, Francisco Martinez-Clavel Martinez 8m, Chris Mattison 39um, mauritius images GmbH / BY 23m, mauritius images GmbH / Solvin Zankl 44um, McPhoto / Rolf Mueller 15gor, Minden Pictures / Norbert Wu 18ul, 45mo (Horn), 18ur, 30mlu, 41um (Motte), 45gom, Nature Picture Library 29ml, 48ul, Nature Picture Library / 1820VISION / Alex Mustard 19m, Nature Picture Library / Bence Mate 30mru, Nature Picture Library / Chris Mattison 13mro, Nature Picture Library / Eric Medard 40mlo, Nature Picture Library / MYN / Joris van Alphen 13m, Nature Picture Library / MYN / Lily Kumpe 8mr, Nature Picture Library / MYN / Marc Pihet 41mlu, Nature Picture Library / Nick Upton 40um, Andrey Nekrasov 14ur, NOAA 35ml, Matteo Omied 55gor, Panoramic Images 47um, Papilio / Robert Pickett 45mru (Eule), PhotoStock-Israel / Alon Meir 42ml, Picture Partners 45mo, Adisha Pramod 35mr, 35mlu, Gillian Pullinger 40um (Bau), Remo Savisaar 40ul, SBS Eclectic Images 16ul, Robert Scholl 20ul, Marko Steffensen 35mru, Stefan Sutka 26ul, Tom K. Photo 54ml, Dave Watts 16mo, WILDLIFE GmbH 19mru, Ray Wilson 10mo (Albatros); **Ardea:** Danita Delimont / Kevin Schafer 46ur, M. Watson 43mlo; **J. Buys:** 45ul; **Depositphotos Inc:** Nataly-Nete 33mo (Gras), sophyphotos 6um; **Dorling Kindersley:** Gary Ombler / Cotswold Wildlife Park 15mlo, Neil Fletcher 41mgru, Terry Goss 19ul, Brian Gratwicke 30mru (Aal), Barnabas Kindersley 47gul, Liberty's Owl, Raptor and Reptile Centre, Hampshire, UK 38mo, Prof. Marcio Motta 26mlo, Colin Keates / Natural History Museum, London 38gom, 44ur, 47ul, Frank Greenaway / Natural History Museum, London 49gor, Gary Ombler / Natural History Museum 27ul, Karl Shone / Natural History Museum, London 21ml, Peter Chadwick / Natural History Museum, London 50mro, Linda Pitkin 39gor, Gary Ombler / Royal Botanic Gardens, Kew 56ur (Blatter), Harry Taylor The Natural History Museum, London 6ul, Dave King / Whipsnade Zoo, Bedfordshire 15gor (Bar), Wildlife Heritage Foundation, Kent, UK 27mlu, Jerry Young 2ul, 8mlu, 15um, 36mo, 37ur; **Dreamstime.com:** Adchariya 41gul, Anastasiya Aheyeva 40mu (Otter), Alfotokunst 15mru, Alle 53mu, 53um, Alptraum 13ul, Alslutsky 52um, Carlos Alvarez 25mlu, Alxhar 46mlo, Amwu 1ml, 23gol, 33mru, Anders93 45mru, John Anderson 54mlu, Andylid 22mlu, Amy Harris / Anharris 51r, Anitasstudio 51ml, Rafael Ben Ari 34mru, Andrey Armyagov 7ur, Atalvi 29mlo, Bouke Atema 11mru, Auris 34-37, Natalia Bachkova 33mlu, Jason W. Baker 8mru, Belizar 49mu (Gurteltier), Ben 36mu, John Biglin 40ur, Lukas Blazek 27mo, Blueringmedia 33m (Zweig), Anna Bocharova 23gom, Linda Bucklin 1ur, 14u, Mariusz Bugno 10mlo, Neil Burton 33gom (Hase), Steve Byland 7gom, 10ur, 11um, Martin Capek / Cappan 30mru (Blitz), Carolinemaryan 22mro, Vladimir Cech 16mlu, Chernetskaya 23ur (Tablett), Chuotnhatdesigner 32-35u, Conchasdiver 34gul, Rudmer Zwerver / Creativenature1 12um, Brett Critchley 46mu, 47m, Cynoclub 9mro, Damedeeso 33ur, Olga Demchishina 31ul, Nikolay Denisov 34gor, Dikkyoesin 37gor, Dave Massey / Dmass 51mo, Dndavis 37mo, Dennis Donohue 10mro, Dragoneye 11mlo, 36mro, Dwiputra18 37um, Ian Dyball 31gol, Ecophoto 17mr, Dirk Ercken 13mlu, 23ml, Evcrow 33u, Farinoza 22mru, 34mlu, 37mu (Frosch), 47mo (Stacheln), Melinda Fawver 37mlu (Nachtfalter), Feathercollector 39mro, Ricardo De Paula Ferreira 41gom, Iakov Filimonov 24mro, 38ur, Fireflamenco 2gul, Svetlana Foote 30mr, 54m, FotoJagodka 24mlu, Martin Fredskov 40mu, Robert Fullerton 38mlo, Gallinagomedia 10mru, Godruma 40gur, Steve Gould 6mru, Igor Groshev 40mr, Pascal Halder 31r, David Havel 37um (Seeanemone), 39ur, Hellmann1 52l (Rinde), Nynke Van Holten 27mr, Brett Hondow 33ml, Hsagencia 33um (Wurm), Boonchuay Iamsumang 32mr, Icefront 11mlu, Idreamphotos 43gol, Imagine98 47mru (Tasthaare), Inarik 32m, Irisbraunphotography 42mru, Eric Isselee 25mo (Collie), Isselee 1mo, 8gmr, 9mu, 10mr, 11mo, 11ml, 11m, 11mu (Meise), 11ul, 11ur, 12ur, 15mru (Koala), 16mo (Tamarin), 17gom, 18mro, 18mru (Clownfisch), 20m, 21gor, 21u, 22ul, 22um, 23gom (Gecko), 23mr, 24ul, 25gom, 25or, 25mro, 25mu, 25um, 27mo, 27mlo, 28mu, 29gor, 29mr, 29mlu, 32ml, 32um, 33gol, 37mro, 37mlu, 38gor, 38mu, 40mro (Wildschwein), 40mlu, 40ul (Kaninchen), 40gul, 42mu (Rehkitz), 43gom, 43mo, 43mlu (x2), 43mu, 43ul, 47mo, 47mu (Hirsch), 47mu (Fliege), 52ml, 54ur, Maria Itina 17ml, Iakov Filimonov / Jackf 55m, JaCrispy 22mlo, Jacsdreamjam 44ul, Jagodka 25ur, James Group Studios, Inc. 23ul (Kafig), Jeff Jarrett 41mlu, Jessamine 1mru, Jezbennett 17gom (Lemur), Jocrebbin 50u, Johannes Gerhardus Swanepoel / Johan63 39gom, Johannesk 33mru (Sand), 36mru, Angela Jones 33mu, Josefpittner 38mlo (Fuchs), Acharaporn Kamornboonyarush 8um, Karelgallas 50-53um, John Kasawa 32-35mu, Kateleigh 28mru, Elena Kazanskaya 23ul (Glockchen), Kazoka 7ml (Laubfrosch), Alexia Khruscheva 47gor, Khunaspix 29mru, Liliia Khuzhakhmetova 14mo, Miroslaw Kijewski 38mlu (Orchideenmantis), Aleksei Kondraiuk 32ul, Natalia Korotaeva 30ur, Vasily Kovalev 23mgr, Irina Kozhemyakina 8mu (x2), 15ml, Anna Kravchuk 32mlu (Watvogel), Tomas Krist 32mro, Matthijs Kuijpers 22gor, 37gol, 49m, Olga Kurbatova 53u, Alexey Kuznetsov 24mo, Erik Lam 25mo, 25ul, Lebedinski 24mu, Peter Lindholm 6m (Krebs), Liumangtiger 11mlu (Ara), Luayana 38ur (Textur), Thomas Lukassek 41m (Napfschnecke), Lunamarina 16ml, 18mu, Tono Balaguer / Lunamarina 55mlu, Anton Lunkov 48mlo, Yurii Lysiak 21mr, Cosmin Manci 8ml, Marcouliana 8mo, Marquise132 45mr, Martinlisner 18mru, Sutisa Kangvansap / Mathisa 51mu, Vaclav Matous 14mru, Aliaksandr Mazurkevich 17ul, Mikelane45 10m, 11mr, 16mu, 40ml, 40ur (Wuhlmaus), 49mu, Mirek1967 41mro, Mirkorosenau 36mro, Mouse Family Mouse Family 23ur, Natalya Aksenova / Natalyaa 29mu (Ente), Pavel Naumov 51um, Sivakorn Nayanetra 29ul, Neirfy 28mlu, 29ur, Yin Jian Ng 33um, Duncan Noakes 14mr, Nostradamus252 32ur, Rungroj Nuiman 41ur (Antx2), Nyker 14m, Nylakatara2013 40mo, Veronika Oliinyk 1mlu, Olga Itina / Olikit 33gor, Eline Oostingh 16um, Ornitolog 10mo, Oskanov 41gom, Oxilixo 29um, Paleka 48m, Juan Bautista Ruiz Paramo 41mo, Parfentevamaya 19mlo, Dmytro Parkheta 41ml, Gueret Pascale 55mru, Prosun Paul 9gol, Maksim Pauliukevich 32mlo (Staub), 33mo (Staub), Kostya Pazyuk 23m (Kaninchen), Peerapong Peattayakul 22mo, Martin Pelanek 41mr, Stefan Hermans / Perrush 47mlo, Photoclarity 23ul, Photoeuphoria 39mr, Pimmimemom 45mlu (Monarchfalter), Peter Leahy / Pipehorse 55mro, Elena Podolnaya 40mru, Stu Porter 10ul, Alexander Potapov 29mu, Grobler Du Preez 41gol, Ondřej Prosicky 17mo, 36mlo, 38mro, 55gol, Pytyczech 1gom, 52ur, Rogerio Queiroz 41gom (Nest), Alexander Raths 18mr, Mohd Zaidi Abdul Razak 37gom, Ian Redding 45gol, Rhallam 28mro, Francesco Ricciardi 6ur, 37m, Dan Rieck 55mu, Rikke68 3mu, 32gor, Rinus Baak / Rinusbaak 30mo, 36mo (Ara), Eurico Rodrigues 37ul, Manfred Ruckszio 12mo, Craig Russell 41mru, Kaewmanee Saekang 7mlu, Samum 47mglo, Seaonweb 36ur, Anna Sedneva / Sedneva 51u, Inha Semiankova 22mo (Teich), Yury Shirokov 29um (Katze), Pavel Shlykov 25mlu (Terrier), Slowmotiongli 7mru, 11mu, 17gol, 33mo, 45um, 49gol, Simone Gatterwe / Smgirly 28ul, Smileus 20ur, Michael G. Smith 6mlo, Olya Solodenko 22mro (Bett), David Steele 41gl, Andreas Steidlinger 41ul, Studio 37 / Dreamstock 36mr, Stu Porter / Stuporter 27gol, Kedsirin Suthamsakul 49mru, Tartilastock 32mlu (Baume), Taviphoto 10um (Ente), Thawats 32gor (Monarchfalter), 32mro, Trinhhuytho 33ul, Troichenko 9m, Sergey Uryadnikov 15mr, 17um, Vac 15ur, Veleknez 29m, Venturebeyond 45gom (Kalmar), Verastuchelova 22ur, 47ml, Gale Verhague 8ur, Vasiliy Vishnevskiy 47mlo (Ratte), Viter8 28ur, Vaclav Vitovec 8mlo, Vladvitek 10um, 19gom, 37ml, Yehor Vlasenko 2ur, Tomislav Vucic 41m, Wafuefotodesign 47um, Wahyudinfirman 50um, Gary Webber 38gor (Textur), Welcomia 55um, Ashley Whitworth 7mro, 35u, Apisit Wilaijit 39mlu, Wildlife World 11um (Sperling), Jan Martin Will 55ml, William Wise 48um, Marcin Wojciechowski 1um, Wollertz 32mlu, Jinfeng Zhang 9mlo, Rudmer Zwerver 12ml, 13mru, 15tc, 32mlu (Eisvogel), 51mlo; **Fotolia:** giuliano2022 6ml, Eric Isselee 42ur, Sergey Khachatryan 47ur, Andrey Eremin / mbongo 45gol (Wellen), xstockerx 56gor, Stefan Zeitz / Lux 10ml; **Getty Images:** Collection Mix: Subjects / Michael Nolan 35gor, Brandon Tabiolo / Design Pics 6mu, Sylke Rohrlach / EyeEm 35mu (Schnecke), imageBROKER / Reinhold Schrank 41um, Moment / Stan Tekiela Author / Naturalist / Wildlife Photographer 34mro, Moment / Tambako the Jaguar 46mo, Stone / Michael Duva 33mr, Westend61 19ur; **Getty Images / iStock:** 2630ben 15gol, alkir 20mro, Andyworks 26um, Antagain 1gol, 29mru (Bienen), Kristian Baensch 42mlo, Boyshots 42ul (Wombat), Vicky_Chauhan 49ur, CoreyFord 7ul, 42mo, defun 20mu, dennisvdw 17gor, sserg_dibrova 34-37um, E+ / 4FR 51gor, E+ / Kativ 45ur, E+ / KenCanning 14mlo, 42mlu, E+ / Raycat 52mru, E+ / vusta 21mru, Entwicklungsknecht 33m, feedough 50mlo, Liliya Filakhtova 8ml (Käfer), Flexire 37mru, FrankRamspott 48mo, GlobalP 29gol, 29mo, 39mlo, Kaphoto 28mr, KeithSzafranski 42gor, Piotr Krzeslak 28um, lillybell 42um, Lidiia Lykova 42mu, micro_photo 53ml, mtruchon 28mo, Placebo365 41mlo, proxyminder 52l, reptiles4all 20mu (Schildkröte), Chelsea Sampson 36mlu, Christophe Sirabella 18mlu, stanley45 20mlo, studiocasper 46mlu, Tazzy1 27um, undefined 16mru, vendys 33mru; **naturepl.com:** Philip Dalton 35mlo, Georgette Douwma 34um, 35ur, Tim Laman 35mo, Thomas Marent 26mro, 34m, Alex Mustard 34ur (Napfschnecke), 35um, MYN / Brett Lewis 13mu, Piotr Naskrecki 35gol, Nature Production 35mro, Gary Bell / Oceanwide 30um, Pete Oxford 34ur, Morley Read 13ur, Andy Sands 30gor, David Shale 34um (Schwamm), 35um, Nick Upton 40m, Rod Williams 26mlu, Solvin Zankl 30ul; **Science Photo Library:** Nicholas Bergkessel, Jr. 33mlo, British Antarctic Survey 34um, Dennis Kunkel Microscopy 6mro, K Jayaram 35mo (Frosch), Andrew J. Martinez 48ur, Cordelia Molloy 27ur, Nicholas Smythe 34mo; **Shutterstock.com:** Dray van Beeck 37mr, Billion Photos 22mu, Jude Black 8gor, Cingular 6mr, Jesus Cobaleda 37ul (Papageifisch), 48-51mo, Dirk Ercken 1mro, Erni 14ml, Gerald Robert Fischer 47mru, Gallinago_media 46m, Anton Kozyrev 8mro, MongPro 46mro, Mr.Photomato 40mro, NickEvansKZN 21gol, panpilai paipa 22mlo (Fisch), RealityImages 39mru, Porco_Rosso 55ur, Sarah2 9ml, sonelle.vdm 41gom (Webervogel), Pavaphon Supanantananont 36ur (Fisch), vkilikov 18ml, Wirestock Creators 9ul, Michiel de Wit 12mr, chonlasub woravichan 36um, xpixel 23gor; **SuperStock:** Biosphoto / Gregory Guida 44mu, Science Photo Library 6m; **Didier Descouens, Museum of Toulouse:** 44mr.

Cover: *Vorn:* **123RF.com:** Thawat Tanhai (Eisvogel), Pavlo Vakhrushev / vapi (Qualle); **Dorling Kindersley:** Peter Chadwick / Natural History Museum, London (Schädel), Gary Ombler / Royal Botanic Gardens, Kew (Blätter); **Dreamstime.com:** Isselee (Prärie), Jianghongyan (Muschel), Nyker (Llama), Olga Itina / Olikit (Pferd) **Fotolia:** xstockerx (GPig); Vorn und hinten: **123RF.com:** Eric Isselee / isselee (Koala); **Dorling Kindersley:** Jerry Young (Gramma), (Tetras), (Spinne); **Dreamstime.com:** Veronika Oliinyk (Fußspuren), Korn Vitthayanukarun (Textur), Linda Bucklin (Wal), Farinoza (Buschbaby), Irisangel (Feder), Isselee (Clownfisch), (Kakadu), Johannesk, Dirk Ercken / kikkerdirk (Froschx2), Irina Kozhemyakina (Opossum), Brian Kushner (Adler), Alexander Potapov (Ente), Rikke68 (Bussard), Studio 37 / Dreamstock (Fisch), Marcin Wojciechowski (Rentierr); **Fotolia:** Stefan Zeitz / Lux (Papageitaucher); **Getty Images / iStock:** anankkml (Puma), Antagain (Papagei), chris2766 (Huhn), GlobalP (Axolotl), (Fuchs), Kaphoto (Ameise); **Shutterstock.com:** Dirk Ercken (Frosch); *Rückseite:* **123RF.com:** Eric Isselee / isselee (Koala); **Dorling Kindersley:** Frank Greenaway / Natural History Museum, London (Motte), Robert Royse (Weide); **Dreamstime.com:** Annaav (Wüstenfuchs), Ben (Pfau), Brad Calkins / Bradcalkins (Schnecke), Linda Bucklin (Wal), Farinoza (Buschbaby), Irisangel (Feder), Isselee (Spinne), (Clownfish), (Kakadu), (Schildkröte), Rinus Baak / Rinusbaak (Ara); Rücken: **Dreamstime.com:** Johannes; **Shutterstock.com:** Dirk Ercken (Frosch)